AF586720

GROSLAY

PAR

M. LEFEUVE

Prix : 75 cent.

GROSLAY

1866

GROSLAY

Heureux Groslay, si cette jolie campagne connaît tout tout son bonheur! Des correspondances d'omnibus lui donnent tous les avantages du chemin de fer, sans les inconvénients. A d'autres communes, pourvues d'une station, le bruit, la fumée, les badauds, les voitures qui attendent, les piétons moins patients, les cafés de barrière! A Groslay, qui se prélasse sur la pente orientale des hauteurs de Montmorency, le plaisir, la sécurité et la pudeur d'une demi-obscurité! On ne manque pourtant pas d'y faire des vœux pour un embarcadère et un débarcadère, qu'un nouvel embranchement promet ou plutôt menace de donner. Le seul adversaire déclaré de la vie domestique est le railway, lorsqu'on entend sonner le premier coup de la cloche du départ, en ouvrant les yeux ou la fenêtre. La grande ville attire bien assez, sans cet appel qui fait naître aussitôt des prétextes pour prendre le convoi. Les affaires surtout, les affaires! Qui n'en a pas se cache pour en convenir. Eh bien! cachez-vous à Groslay; laissez les trains partir l'un après l'autre de Montmorency et d'Enghien.

Le terrain de la commune présente beaucoup de variétés : ici vallons et là côteaux; la vigne n'y manque pas, et les jardins y offrent les plus savoureux spécimens de la culture fruitière et maraîchère. La fabrication de la dentelle donne à l'endroit une légère teinte flamande, qu'un autre trait, dû sans doute au hasard, vient encore augmenter d'une nuance : il y a majorité de blondes, de jolies blondes, à Groslay. On se voit entre citadins, ne serait-ce que pour se prêter des journaux et des livres, notamment celui-ci. Rarement les flâneurs du dimanche devinent un ravissant groupe de maisons bourgeoises dans le village qui s'étend ainsi au bas de la côte de l'Ermitage. Aussi bien le chemin de traverse, par lequel l'indigène coupe au plus court, est assez dangereux, non pour les ânes, mais pour leurs cavaliers. La mousse et le sable fin de la forêt sont d'une douceur, en cas de chûte, qu'envie encore ce sentier inégal. Par conséquent, les habitants de la commune la plus voisine de Montmorency doivent à sa position privilégiée un isolement relatif qui les porte à ne pas régler leur bienveillance réciproque sur les inégalités de la fortune. Ils sont chez eux, ils s'appartiennent, et cette exception les ferait prendre, si près de Paris, pour des bourgeois de province ; malgré cela, une fois dans leur jardin, ou au salon, ou au billard, ils se montrent sous leur vrai jour. Ce sont des Parisiens de la bonne roche, du moins pour la plupart, causant théâtre, sinon littérature, et qui ont eu le bon esprit de laisser derrière eux, soit pour un temps, soit pour toujours, le souci des affaires. Tels sont ou furent depuis peu MM. Paul du Boys, Comartin, Billaud, Guillebert, de la Chaussée, Lullin, Godard, Calon, Colas, Ducasse, Legrand, Valon, Baude, Hurel, Henry, Crétu, Offroy, Moncouteau, La Martinière, Perrière, Titel, Cruz, Manchez, Blanc ; Mmes Chansard, Rümler, Thibaut.

Quant à la jeunesse féminine qui garde Groslay toute l'année, et qu'on pourrait appeler, en conséquence, les jeunes filles des quatre saisons, elles sont d'une coquetterie qui vient d'exemple. Puissent-elles avoir le bon goût de préférer toujours à des modes importées par les femmes de chambre de ces dames, le gentil bonnet du pays, qui se laisse enrubanner richement ! Ne va-t-il pas le mieux du monde ? Le jour de la fête communale, une loterie est tirée, sous les beaux arbres du champ-de-foire, par l'instituteur et secrétaire de la mairie, qui distribue aussi les lots, composés le plus souvent de fichus, de bonnets, et mirlitons d'aller leur train ! Bientôt la danse commence, et la bourgeoisie ne se contente pas toujours d'être témoin de pareils jeux. Aussi bien la conscription militaire et celle des cabarets, qui compte également ses blessés, enlèvent une bonne partie des garçons du pays, de sorte qu'il manque d'abord des cavaliers aux villageoises parées pour le bal. Mais pour si peu que les messieurs et les dames s'en mêlent, l'animation bientôt devient générale, et la danse, une fois bien engagée, ne s'arrête plus ; du moins elle se prolonge assez avant dans la nuit, bien que la fête ait lieu en juillet, saison des grands travaux à la campagne. N'y ai-je pas dansé, moi qui vous parle, avec Mme Henri Leduc, de Montmorency, pour partenaire, avec Mme de Bernis et le Mis de Harrenc de la Condamine, propriétaire du crû de la Côte-Rotie, pour vis-à-vis ? La fête de Groslay a son lendemain, et les bals du plus grand monde n'en peuvent pas dire autant ; elle est, de plus, sous la protection du calendrier, qui l'éternise. Les paysannes coquettes, ou pour mieux dire les grisettes de Groslay, ont tellement l'amour de la danse qu'elle se déplacent et arrivent les premières partout où deux ménétriers se donnent ou se retirent l'accord, à plus de deux lieues à la ronde. Le dimanche soir, j'en ai vu, même l'hiver, qui revenaient *seules à minuit*, ces trois mots sont à souligner, heureuses d'avoir fait leur partie dans un quadrille, n'importe où. Elles devaient avoir de la vénération pour le nommé Ménétrier, marchand de vins à Deuil, et musicien, qui faisait danser toute l'année sur divers points du canton et au-delà.

Que si l'orchestre ordinaire de Groslay n'a rien de commun avec celui de Strauss, c'est que notre village se repose, on peut le croire, d'avoir bien mérité de la musique. N'inférez pas de cette hypothèse que les clavecins d'avant la République, les harpes, les guitares et les *forte* du Directoire ou de l'Empire l'aient emporté en nombre sur les pianos qui attirent périodiquement des accordeurs dans le village d'à-présent. Au contraire, le doigté ne s'est, en aucun lieu, en aucun temps, exercé sur des touches d'ivoire de manière à produire plus de trilles sautillants, plus de notes, perles blanches et noires enfilées par colliers splendides, que dans l'académie estivale de Groslay. Ce genre de succès quotidiens fait pâlir ceux de la conversation, qui n'en devient que plus timide : il est vrai que la musique parle.

Elle devait parler encore mieux, lorsque Lully habitait le village. Il vint malade, il s'en alla guéri. Son habitation à Paris était une maison qui se retrouve rue Neuve-des-Petits-Champs, au coin de la rue Saint-Anne, avec une boutique à l'enseigne, aussi ancienne, de l'Epée-de-Bois. Que ne puis-je désigner ainsi la maison de campagne qui lui donna l'hospitalité ! N'y avait-il pas de quoi pour la Vallée, à cette époque, être lulliste ? La semence musicale y fut jetée, comme on voit, de main de maître. Pierre Porro, qui se distingua lui-même comme guitariste et compositeur, habita pendant quarante ans Montmorency et Groslay, où il mourut septuagénaire. Sa veuve, musicienne également, épousa en secondes noces M. Beaucé ; c'est la mère de Mme Ugalde, cantatrice dont le talent ne s'est jamais mieux révélé que dans *Galathée*, à l'Opéra-Comique.

Depuis un temps immémorial, les dames jouent à Groslay le premier rôle, et les maris s'effacent tant soit peu. Dame Richilde fut assurément la bienfaitrice de la paroisse et des paroissiens, sous le règne de Philippe Ier; elle avait pour mari Geoffroi de Montmorency, et l'on a bien nommé les deux époux lorsqu'il s'est agi des libéralités qu'ils répandaient sur le territoire de Saint-Prix; mais Richilde seule a été désignée à la gratitude commémorative de Groslay, qu'elle traita comme une mère son enfant préféré. Si Geoffroi était mort, on aurait dû donner à Richilde la qualité de veuve alors qu'elle fonda, à Groslay, une distribution de pain annuelle, qui eut encore lieu après elle le 3 février, jour où se célébrait à l'église son obit, après une vigile également solennisée.

Les principaux traits de sa vie recommandaient ladite dame, non-seulement à la reconnaissance de la postérité locale, mais encore à l'estime profonde des amis de l'humanité et du progrès.

Une pauvre femme de Groslay allait porter ses cerises à Saint-Denis, pour les vendre ; mais l'octroi, qui s'appelait en ce temps-là barrage, réclama plus d'argent qu'elle n'en avait, et les agents chargés de percevoir le droit sur les denrées, pour le compte des seigneurs religieux, punirent sa tentative de fraude en saisissant la délinquante, avec les pièces du délit. Pendant que cette justice étrangement sévère était faite à Saint-Denis, l'enfant de la malheureuse femme demeurait enfermé tout seul dans le réduit où elle l'avait laissé, et, comme il s'y trouvait emprisonné par contre-coup, la faim allait avoir une conséquence mortelle. La mère et l'enfant ne furent sauvés que par l'intervention de Richilde, qui n'hésita pas à donner quelques biens à l'abbaye, pour exempter à tout jamais du droit de barrage, à Saint-Denis, tant les cerises de Groslay que les porteurs de ces cerises. Or plusieurs autres charges pesaient très-lourdement sur les jardiniers du même endroit : ils avaient toujours eu à acquitter, outre le droit de barrage, ceux de bottelage, de place, de marché, et que sais-je ! La femme de Geoffroi para à ces difficultés au moyen de nouveaux sacrifices, dont les générations suivantes profitèrent, mais non sans quelques inquiétudes.

En 1378, Jean Pastourel, avocat du roi au parlement et seigneur de Groslay, dut résister à l'abbaye dans l'intérêt de ses administrés, comme le ferait un maire d'aujourd'hui; il s'agissait de l'interprêtation des traités que les religieux de Saint-Denis avaient signés avec la défunte dame Richilde. Plusieurs siècles après, Marie d'Albon, veuve de Bénigne le Ragois, seigneur de Bretonvilliers, était dame des fiefs de Groslay ; elle soutint avec une telle vigueur la perpétuité des immunités achetées par sa généreuse devancière, que le conseil d'administration du temporel de Saint-Cyr et celui de la mense abbatiale de Saint-Denis durent s'entendre pour acquiescer encore aux mesures de prévoyance prises par la femme de Geoffroi, et ce le 19 octobre 1724. Mais à quelle époque avait-elle cessé de vivre? On ne le savait qu'approximativement. Dame Richilde était déjà morte depuis plusieurs années en 1214, époque à laquelle Matthieu de Montmorency avait donné aux chanoines victorins du Bois-Saint-Père une certaine portion de forêt, pour remplir une des volontés testamentaires de sa parente par alliance.

La maison royale de Saint-Louis, fondée à Saint-Cyr par Mme de Maintenon, tout en ayant antérieurement des droits communs avec l'abbaye de Saint-Denis, ne prit possession *du fief et seigneurie de Bruyères-le-Châtel, en la paroisse et territoire de Groslay*, qu'en lieu et place des religieuses de Notre-Dame-de-la-Saussaye-lès-Villejuif, dont le prieuré royal avait été réuni à ladite maison, en vertu de lettres-patentes données à Compiègne au mois d'août 1769.

Lesdits fief et seigneurie comprenaient. d'après un état dressé postérieurement :

Quatre pièces de terre labourable, mesurant ensemble 9 arpents et trois quartiers, dont un vers le lieu dit Bout-de-la-Ville, sur la route de Beauvais ; deux aux Glaisières, et la dernière sur la ruelle de Bas-Pinson, conduisant de Montmagny à Sarcelles ; lesdites pièces données à bail, moyennant 140 livres de fermage, le 25 juillet 1785, à Jacques Desouche, J.-B. Gorion et Pierre Cousin, tous les trois vignerons, et à leurs femmes, toutes les trois nées Marin, par : dames Francoise-Émilie de Champlouis, supérieure ; Claude-Catherine de la Bastide, assistante ; Marguerite-Victoire de Launay, maîtresse des novices ; Denise-Henriette de Crécy, maîtresse-générale des classes ; Marguerite de Ligondès, dépositaire ; toutes religieuses professes composant le conseil intérieur de la royale maison de Saint-Louis, établie à Saint-Cyr-lès-Versailles. — 14 arpents environ de bois taillis, à Saint-Brice, donnant environ 100 livres de revenu. — Seigneurie directe et censive, droits de cens, surcens, rentes seigneuriales, droit de lods et ventes, saisines et amendes sur la plus grande partie des maisons de Groslay et plusieurs héritages à Enghien, Saint-Brice, Sarcelles et Deuil, et enfin la mouvance sur le fief Patin, sis à Groslay ; tous lesquels droits ont été inféodés au profit de Louis-François-Balthazar Dauger de Bagneux, seigneur de Groslay, le 14 décembre 1784, moyennant la rente foncière, féodale annuelle et perpétuelle d'une quantité déterminée de blé, avec rachat, selon la coutume de Paris, facultatif.

Le prieuré des bénédictines de la Saussaye, près Villejuif, était de fondation et de collation royales. Au moment de sa fusion avec Saint-Cyr, où se faisaient l'éducation de deux cent cinquante filles nobles, leur maison ne comptait plus que sept religieuses, dont plusieurs vieilles et infirmes, la plus jeune ayant cinquante ans; plus quatre converses. Ces religieuses avaient été, quatre années avant la fin, mesdames :

Anne Lemaire de Flicourt, dite en religion Sainte-Maxime, supérieure; Anne-Madelaine Desgrais, dite de Saint-Maur, doyenne; Anne-Françoise Briquet, dite Sainte-Élisabeth; Marie de la Touche, dite Sainte-Thérèse, dépositaire; Marie-Catherine Herbillon, dite Sainte-Scolastique, portière; Germaine Petit, dite Sainte-Claire, cellerière; Anne-Élisabeth Toussaint, dite Sainte-Placide, tourière; Angélique-Marie Baudon, dite Sainte-Rose, sacristine.

Le fief Patin consistait en une maison donnant sur le carrefour de la Croix-Marchais et appartenant, avec ses 4 arpents et trois quartiers de terrain, au sieur Colas, marchand à Saint-Gratien; 4 arpents aux Glaisières faisaient le surplus. Quant à Bruyères, il a relevé du fief Piscop à Groslay. On a souvent tenu pour un prieuré le manoir même de Bruyères, en ce lieu; mais les dames de la Saussaye n'y eurent qu'une succursale avec chapelle, et voilà sans doute la maison à belle terrasse qu'on désigne aujourd'hui dans la grande rue, presque en face la rue de l'Image, comme l'ancien couvent de Groslay.

Nésant, en tant que fief, appartient à l'histoire de Saint-Brice; mais le hameau de Nésant, y attenant, fut sur la paroisse de Groslay, et l'abbé de Saint-Denis eut de bonne heure des droits, revenus et fonds de terre à Nésant comme à Groslay. Dès l'an 1218, le sire Matthieu défendait bien au supérieur du monastère d'avoir un pressoir dans le hameau, et il faisait enfermer dans sa geôle, à Montmorency, les ouvriers chargés de le construire ; mais il fallut compter avec les religieux, qui préférèrent les sacrifices d'argent à l'anéantissement de leur pouvoir local ; c'est pourquoi, après maint échange, ils devaient encore 4,000 livres tournois au chambellan de France, nommé également Matthieu de Montmorency, l'an 1294. Il est vrai que ce seigneur put mettre alors Nésant et Groslay, en vertu des conventions déjà signées, dans le trésor du roi.

Que de fiefs donc ! Mais il s'en faut encore que ce soit tout. A la paroisse, celui de Saint-Martin, dont l'emplacement s'élevait au-dessus de l'église jusqu'à mi-côte de Montmorency. Celui d'Inville, aussi à la paroisse, uniquement se composait des censives et rentes seigneuriales qu'elle possédait sur divers héritages de Groslay et des environs ; sa dénomination rappelle qu'il fut acquis de la fabrique, en 1695, par Amiot, écuyer, sieur d'Inville, payeur des rentes de l'Hôtel-de-Ville. Celui de Boisselet, appartenant en 1676 à Hélie de Fresnoy, premier commis du bureau de la guerre, qui en rendait foi et hommage à Louis le Laboureur, bailli du duché et seigneur, à Saint-Brice, du fief de Morée, transféré au profit dudit bailli sur son hôtel de Châteaumont, à Montmorency. Celui de Taillefer : Nicolas Fayet, conseiller du roi, le reconnut, en l'année 1613, à Texier, grand'maître des eaux et forêts, seigneur de Cernay. Celui de Garges eut pour titulaire Jean Duboys, avocat, en 1532. Ceux d'Adam-Asse, de Jean-Allegrain, de Messires-Jean-et-Philippe-de-Villiers et de Maître-Pierre-Boucher furent, pour une bonne partie, reconnus dans la mouvance du roi, *à cause de son chastel et chastellenie de Poissy* : circonstance qui porterait à voir dans lesdits quatre fiefs quelque chose de ce que le trésor du roi tenait de Matthieu !

Les censives de Groslay étaient vendues à titre de fief par le prince de Condé à Louis de Machault, en l'année 1641, et elles passsaient successivement des mains de Machault en celles du contrôleur-général Particelli d'Hémery ; de Boissier, maître des comptes, puis de Lalive de Bellegarde. Ces châtelains de Deuil et d'Épinay, en augmentant par-là leurs revenus, ne faisaient-ils qu'une bonne opération? Ils se donnaient, en outre, le plaisir d'élargir la circonscription monseigneuriale.

La Briche et le Petit-Piscop d'Épinay relevaient, en revanche, du Piscop de Groslay, dit aussi fief de Fleury-fils, lequel a été réuni avec les fiéfs Fleury, Boubiers, du Rocher, du Marchais et Gascourt, sur le même terroir, et aussi le fief de Poissy, sur Saint-Brice, par sentence du bailliage du duché en date du 8 octobre 1729, faisant du tout le fief Fleury. Jean Galleran avait été seigneur d'une partie d'iceux, sous le règne de Philippe-le-Bel, et il n'avait pas eu à y reconnaître que le Bon de Montmorency pour suzerain. Celui-ci et ses successeurs avaient reçu les aveux : de Jean Pastourel, en 1367, pour le tiers de Fleury ; de Gaultier de Tibouvillier, en la même année, pour Boubiers ; de Vallet, bourgeois de Saint-Denis, en 1390, pour Poissy et Fleury ; de Jacques Poullain, écuyer, au milieu du XVIe siècle, pour Boubiers, Poissy et Fleury ; de Nicolas Fayet, conseiller du roi, en 1614, pour Groslay, Fleury, Poissy, Boubiers et le Marchais ; de sa veuve, en 1629, *item* ; d'un autre Fayet, en 1677, pour Piscop ; de D[lle] Marie Fayet, ensuite, pour Groslay, Piscop, Fleury, Poissy, Boubiers et le Marchais ; de Fayet, Cte de Sères, en 1712, *item*, de Madeleine d'Albon, veuve de M. de Bretonvilliers, en 1714, pour la terre seigneuriale de Groslay et tous les petits fiefs, sans exception, qui allaient se grouper avec le fief Fleury; de Simonnet, marchand bourgeois, en 1725, *item;* du Mis de Fitte de Soucy, officier au régiment d'artillerie Royal-Vaisseau, vers 1741, *item;* de M. de Fitte, Cte de Soucy, fils aîné du précédent, en 1758, *item;* de Dauger de Bagneux, fermier-géneral, 1760, *item.*

On voit par-là que la terre seigneuriale et plusieurs fiefs voisins avaient toujours le même tenancier, depuis au moins le règne de Louis XIII. Aussi les armes de Fayet de Sères figuraient-elles à la voûte de l'église, lorsque le prince de Condé lui ordonna de les faire disparaître, et lui défendit en même temps de se faire nominativement recommander aux prières des paroissiens. L'un et l'autre de ces honneurs n'étaient-ils dus qu'à Son Altesse Sérénissime? Elle empêchait Mme de Bretonvilliers, un peu plus tard, de se qualifier dame de Groslay, et puis une défense identique fut signifiée, en 1746, à M. de Fitte de Soucy et à M. de Lalive de Bellegarde, simultanément. Sur l'entrefaite, M. de Soucy et sa femme, née Jordy de Cabanac, donnèrent à leur fils le château et les terres dont les prérogatives honorifiques leur étaient contestées, à une époque où si peu de châteaux se vendaient sans qu'on en prît le nom! Le parlement, saisi de cette affaire, n'autorisa, le 9 août 1758, M. et Mme de Soucy qu'à se dire *seigneurs censiers de Groslay*, et M. de Bellegarde, *seigneur censier d'un fief sis à Groslay.* Il y en avait trop long, car, pour cette fois, c'était le contraire du galon. Il suffit au conseil du prince d'une courte délibération pour décider, le 5 juillet 1759, que si M. de Cassini achetait les biens de M. de Soucy, on ne s'opposerait plus à ce que le curé de Groslay déférât personnellement à l'astronome illustre les honneurs seigneuriaux, sans qu'ils devinssent pour cela même transmissibles à ses successeurs. Comme château, seigneurie et fiefs ne furent acquis réellement que par le fermier-général Dauger, l'opposition en forme due fut renouvelée à la requête du prince qui, en sa qualité de duc d'Enghien, se réservait exclusivement le titre et le rang de seigneur de Groslay.

Dauger de Bagneux n'en occupait pas moins le vrai château, avec des pièces d'eau dans le jardin ; le château qui tenait la place de l'ancien manoir des Galleran, et dans lequel MM. Treuttel et Wurtz, libraires, ont eu, de nos jours, pour successeur M. Ernest David, puis M. Billaud, membre de la commission municipale de Paris. Du temps de Dauger, les sieurs Pierre Tétard et Decrois occupaient dans la grande rue, au-dessous de l'église, l'ancien jardin Heurtaud, qui avait été en 1528 et 1539 l'objet d'une déclaration censuelle, passée au castel de Bruyères par les Renouard. Dans la même rue demeurait Toussaint Tétard, officier de la maison de Marie-Antoinette. D'autres maisons importantes appartenaient à Carré de Saint-Pierre, Deumier et Mlle Midy. Un troisième Tétard était rue Chéron.

Les anciens seigneurs de l'endroit avaient été beaucoup moins riches que le financier leur dernier successeur. Au milieu de tant de fiefs, que pouvait-il rester au Ch^er^ Hugues de Groslay, qui avait à payer en 1235, 100 sols par an à Jean, Cte de Beaumont, pour être quitte de toute redevance à l'égard du couvent de Conflans-Sainte-Honorine ? Le pauvre sire devait déjà passer pour un vilain, aux yeux du suzerain de Montmorency, et il devait avoir besoin de son aide pour résister aux empiètements des fiefs confinant à son lopin de terre. En ce temps-là l'église de Reims avait pour archidiacre Henri de Groslay, qui contribua plus tard à l'édification de Sainte-Catherine-du-

Val-des-Écoliers. La *Pucelle de Groslay*, fille de Jean le Boucher, avait été contemporaine de Bertrand de Saux, prédécesseur de Hugues ; on appelait ainsi une jeune femme qui devait avoir quelque mérite encore plus rare à Groslay que la sagesse ; les médecins de Louis IX réussirent à la délivrer d'une excroissance de chair. Avant Hugues et Bertrand il y avait eu de l'année 1108 à l'année 1226 : Odon de Groslay, Anselme de Groslay, Adam d'Ancisant, Guido de Groslay, Philippe de Groslay, dame Richilde, femme de Geoffroi de Montmorency, Guy de Groslay, Gautier de Groslay.

Au nombre des successeurs de Bertrand de Saux ont du être : Gervais et Robert de Torote et d'Ancisant; Agnès de Groslay, femme de Guillaume le Loup, écuyer ; Jean Galleran, déjà nommé ; Bernard Prévost, Jean Pastourel, déjà nommé ; Jean Damoiseau, chevalier sous Louis XI ; de Montoléon, en 1577 ; Fayet, déjà nommé ; sa veuve, *id.* ; un autre Fayet, *id.* ; D[lle] Marie Fayet, *id.* ; Fayet de Sères; *id.*; Madeleine d'Albon, veuve de M. de Bretonvilliers, *id.* ; Simonnet, *id.* ; Mis de Fitte de Soucy, *id.* ; Cte de Fitte de Soucy, *id.* ; Dauger de Bagneux, *id.* ;

D'après le titre le plus ancien qui se rapporte à la localité, Louis, abbé de Saint-Denis, accordait pour boisson quotidienne à ses moines, dès l'an 862, le produit de plusieurs vignes en Parisis, entre Deuil et Groslay. Matthieu de Montmorency exonérait ses vassaux de Groslay, en 1205, de *toutes mauvaises coutumes, achoisons et corvées, taille et tolte*, moyennant une redevance qui nous paraîtra modeste : 5 sols et 1 chapon. Vers la fin du même siècle, quelques biens sur le territoire du village faisaient partie de ce que les religieux de Saint-Denis donnaient au sire de Montmorency en échange d'une terre Saint-Marcel.

La paroisse de Groslay, bien antérieure à celle de Montmorency, a le même patron, saint Martin ; seulement une part est faite à sainte Geneviève dans la dédicace. Les habitants de Montmorency venaient entendre la messe à Saint-Martin de Groslay, beaucoup avant d'avoir le leur. Diverses couches d'architecture superposées n'empêchent pas de croire qu'une portion de l'édifice remonte au XIe siècle. L'église bâtie vers ce temps-là finissait où est le lutrin ; son agrandissement, sous le règne de Louis XI, ressemblait fort à une reconstruction, et il y eut consécration nouvelle. « En 1480, le dimanche 1er aoust, par révérend père monseigneur Guillaume Chartier, évesque de Paris, fust desdiée l'esglise de monseigneur Saint-Martin de Groslai lez-Montmorenci, et bénit et consacra cinq hostiaux d'autel, c'est-à-dire le maistre-autel, l'autel Nostre-Dame, l'autel Saint-Michel, l'autel Saint-Jean-Baptiste et l'autel Saint-Nicolas, et bénit un peu de terre à faire cimetière : présent Jean Damoiseau, chevalier ; Denis de Hersent, secrétaire de Monseigneur l'évesque de Paris ; monsieur Philippe d'Oigni, maître-ès-arts et en décret.... Et ce fust par l'aide et conseil de Martin Guymines, laboureur ; était curé Jean Ollier. »

Messire de Montoléon, qui a doté l'église de ses vitraux, était probablement seigneur du lieu. On lit près de son portrait, sur un vitrail : *Dono Domini de Montoleon, 1577.*

La nomination du curé appartenait d'abord à l'évêque ; puis l'évêque reconnut, du vivant de Suger et de son secrétaire, Odon de Deuil, avec l'autorisation du pape Alexandre III, en avoir transféré la collation au prieur de Deuil. Le fait est que Maurice de Sully avait abandonné volontairement ce droit épiscopal vers la fin du siècle précédent : une bulle d'Urbain III consacrait déjà en 1186 la suprématie directe du prieuré sur la paroisse. Des conventions passées à seize ans de là, entre le prieur et Jean de Drancy, chevalier, avaient pour objet la perception des dîmes. Dame Isabelle la Mérelle avait donné à Benoist Bethe, et celui-ci à Jean Gillet, curé de Groslay, sa dîme de vin et de blé à Groslay, appelée la grande dîme des fiefs de Poissy; ainsi la cure avait été dotée de 12 muids 1/2 de vin par année, revenu détaché d'une grande dime prélevée sur lesdits fiefs. La cure de Groslay se trouvait une des plus riches du doyenné de Montmorency. On en saisit une fois le temporel, qui s'élevait à plus de 400 livres de rente, parce que M. le curé avait cessé, depuis douze ans, de résider dans sa paroisse.

Ce réfractaire n'était pas Jacques Malende, qui vit Groslay pillé par des soldats en 1649, époque de la Fronde (1). Le même curé, qui fut cité parmi les approbateurs du livre janséniste. *De la fréquente communion*, mourut à Groslay, le 13 septembre 1661, et y fut inhumé.

L'abbé Languet, curé de Saint-Sulpice, occupait vers le milieu du XVIIIe siècle, une des maisons de campagne de ce village, qui comptait alors 200 feux. L'abbé Languet, qui avait réuni par souscription l'argent nécessaire à l'achèvement de son église, connaissait tous les financiers de la Vallée, qu'il faisait contribuer à d'autres œuvres pies. Aussi habita-t-il l'été plusieurs de nos villages l'un après l'autre.

Moins ingambe fut Martin Ribaille, curé de Groslay. Mais ses infirmités ne l'empêchaient pas de se faire porter à l'église, pour y dire la messe sans quitter son fauteuil. Jugez si pour bénir une cloche, en avril 1783, il a dû monter au clocher!

(1) Dom Félibien, *Histoire de l'abbaye de Saint-Denis*, page 480.

Au mois de mai 1863, la même cloche se fêla, en sonnant la mort de Mme Tétard, dont elle avait sonné le baptême le jour même de son inauguration. Il fallut donc baptiser une autre cloche, le 6 septembre 1863 ; elle dut à ses parrain et marraine, M. Gérard, adjoint, et Mme veuve Rigaud, née Beaugrand, les noms de Marie-Jeanne-Elisabeth. Les fonctions de maire étaient alors remplies par M. Comartin, auteur d'un volume sur Groslay, et à qui la commune doit aussi d'avoir gagné sur Montmorency le hameau de La Rue.

Les chartes en latin portent *Graulidum, Grolitium* et *Groleyum*, lorsqu'elles parlent de Groslay. Il y eut toutefots plusieurs lieux du même nom, dont deux dans le diocèse de Paris. Le petit Groslay était, selon l'abbé Lebeuf, « à l'extrémité de la paroisse de Bondies, à trois lieues ou environ de Grolay-la-Paroisse. (1) » La racine du nom peut être *Grolle :* une espèce de corneille s'appelait ainsi, et on en peignait une pour servir de point de mire aux tireurs d'arc. Mais on préfère généralement que *Gros lay* veuille dire *Gros sanglier*, ce qui parait couleur locale dans une contrée autrefois giboyeuse. A cause même de cette interprétation, et sans y craindre un affreux calembour, aucun mari n'aime, à Groslay, que sa femme appuie trop, en le regardant, sur le nom du village.

(1) *Histoire du Diocèse de Paris,* Tome III, page 362.

FIN DE LA NOTICE SUR GROSLAY.

Fontainebleau. — Imp. E. Bourges.

Les Notices historiques et descriptives écrites sur les environs de Paris par M. Lefeuve, auteur des *Anciennes Maisons de Paris sous Napoléon III*, se publient en brochures du même format et sur le même papier que la présente brochure. Le prix en varie selon l'importance du travail.

Les éditeurs de ce Recueil de Notices se proposent de l'étendre à tous les environs de Paris, dans un rayon de 75 kilomètres.

Voici les communes déjà passées en revue par M. Lefeuve :

MONTMORENCY
DEUIL
ÉPINAY-SUR-SEINE
MONTMAGNY
GROSLAY
SAINT-BRICE
PISCOP
DOMONT
BOUFFÉMONT
CHAUVRY
BÉTHEMONT
FRÉPILLON
BESSANCOURT
TAVERNY
NAPOLÉON-SAINT-LEU
SAINT-PRIX
MONTLIGNON
ANDILLY
SOISY
EAUBONNE
MARGENCY
PLESSIS-BOUCHARD
PIERRELAYE
HERBLAY
FRANCONVILLE-LA-GARENNE.
SANNOIS
ERMONT
SAINT-GRATIEN
ENGHIEN-LES-BAINS

Les souscripteurs reçoivent, franches de port dans tout l'Empire français, les Notices de M. Lefeuve sur les Environs de Paris.

On souscrit, en adressant le prix de la totalité de ces Notices

En un mandat de 20 francs

A M. ERNEST BOURGES, IMPRIMEUR A FONTAINEBLEAU

SEINE-ET-MARNE

www.ingramcontent.com/pod-product-compliance
Lightning Source LLC
LaVergne TN
LVHW052031160826
845678LV00003B/1276

9782329635170